Ausbildungsnachweisheft Nr.

von

Name: _____ Vorname: _____

Adresse: _____

Telefonnr.: _____ E-mail: _____

Ausbildungsberuf: _____

Ausbildungsjahr: _____

Ausbildungsbetrieb: _____

Adresse: _____

Telefonnr.: _____ E-mail: _____

Ausbilder: _____ Telefonnr.: _____

Berufsschule: _____

Adresse: _____

Telefonnr.: _____ E-mail: _____

Klasse: _____

Ablaufplan für das Ausbilungsjahr   /

Name: Vorname: Firma:

Klasse: Ausbildungsberuf:

Berufsschule:

KW	Datum	Mo	Di	Mi	Do	Fr	Sa	So	KW	Datum	Mo	Di	Mi	Do	Fr	Sa	So

Legende: BS = Berufsschule   FT= Feiertag   K= Krank
             PR= Praktikum   U= Urlaub   ÜLU= Überbetriebliche Lehrlingsunterweisung
             P= Prüfung   ZW= Zwischenprüfung   F = Frei

Ausbildungsnachweis Nr. _____

für die Woche vom …………..bis…………..Ausbildungsjahr……..

Ausbildungsabteilung:…….…..………..…………..

	ausgeführte Arbeiten/ Unterricht	Einzel-stunden	Gesamt-stunden
Montag			
Dienstag			
Mittwoch			
Donnerstag			
Freitag			
Samstag			
Sonntag			
		Gesamtstunden	

Besondere Bemerkungen

Auszubildender　　　　　　　　　　　　　　　　　　　Ausbilder

Datum　　Unterschrift des Auszubildenden　　　　Datum　　Unterschrift des Ausbilders

Ausbildungsnachweis Nr.

für die Woche vom …………..bis…………..Ausbildungsjahr……..

Ausbildungsabteilung:…….……..………..…………..

	ausgeführte Arbeiten/ Unterricht	Einzel-stunden	Gesamt-stunden
Montag			
Dienstag			
Mittwoch			
Donnerstag			
Freitag			
Samstag			
Sonntag			
		Gesamtstunden	

Besondere Bemerkungen

Auszubildender — Ausbilder

Datum — Unterschrift des Auszubildenden — Datum — Unterschrift des Ausbilders

Ausbildungsnachweis Nr. _____

für die Woche vom …………..bis…………..Ausbildungsjahr……..

Ausbildungsabteilung:……….………..…………….

	ausgeführte Arbeiten/ Unterricht	Einzel-stunden	Gesamt-stunden
Montag			
Dienstag			
Mittwoch			
Donnerstag			
Freitag			
Samstag			
Sonntag			
		Gesamtstunden	

Besondere Bemerkungen

Auszubildender — Ausbilder

Datum Unterschrift des Auszubildenden Datum Unterschrift des Ausbilders

Ausbildungsnachweis Nr. _____

für die Woche vom …………..bis…………..Ausbildungsjahr……..

Ausbildungsabteilung:………..………..…………

	ausgeführte Arbeiten/ Unterricht	Einzel-stunden	Gesamt-stunden
Montag			
Dienstag			
Mittwoch			
Donnerstag			
Freitag			
Samstag			
Sonntag			
		Gesamtstunden	

Besondere Bemerkungen

Auszubildender　　　　　　　　　　　　　Ausbilder

Datum　　Unterschrift des Auszubildenden　　Datum　　Unterschrift des Ausbilders

Ausbildungsnachweis Nr. _____

für die Woche vom …………..bis…………..Ausbildungsjahr……..

Ausbildungsabteilung:…………..………..………….

	ausgeführte Arbeiten/ Unterricht	Einzel-stunden	Gesamt-stunden
Montag			
Dienstag			
Mittwoch			
Donnerstag			
Freitag			
Samstag			
Sonntag			
		Gesamtstunden	

Besondere Bemerkungen

Auszubildender — Ausbilder

Datum — Unterschrift des Auszubildenden — Datum — Unterschrift des Ausbilders

Ausbildungsnachweis Nr.

für die Woche vom …………..bis…………..Ausbildungsjahr……..

Ausbildungsabteilung:…….…..……….…..…………..

	ausgeführte Arbeiten/ Unterricht	Einzel-stunden	Gesamt-stunden
Montag			
Dienstag			
Mittwoch			
Donnerstag			
Freitag			
Samstag			
Sonntag			
		Gesamtstunden	

Besondere | Bemerkungen

Auszubildender | Ausbilder

Datum — Unterschrift des Auszubildenden — Datum — Unterschrift des Ausbilders

Ausbildungsnachweis Nr. _____

für die Woche vom …………..bis…………..Ausbildungsjahr……..

Ausbildungsabteilung:…………..………..…………..

	ausgeführte Arbeiten/ Unterricht	Einzel-stunden	Gesamt-stunden
Montag			
Dienstag			
Mittwoch			
Donnerstag			
Freitag			
Samstag			
Sonntag			
		Gesamtstunden	

Besondere Bemerkungen

Auszubildender   Ausbilder

Datum   Unterschrift des Auszubildenden   Datum   Unterschrift des Ausbilders

Ausbildungsnachweis Nr.

für die Woche vom …………..bis…………..Ausbildungsjahr……..

Ausbildungsabteilung:…….…..………..…………….

	ausgeführte Arbeiten/ Unterricht	Einzel-stunden	Gesamt-stunden
Montag			
Dienstag			
Mittwoch			
Donnerstag			
Freitag			
Samstag			
Sonntag			Gesamtstunden

Besondere Bemerkungen

Auszubildender | Ausbilder

Datum — Unterschrift des Auszubildenden | Datum — Unterschrift des Ausbilders

Ausbildungsnachweis Nr.

für die Woche vom …………..bis…………..Ausbildungsjahr……..

Ausbildungsabteilung:…….……..………..………….

	ausgeführte Arbeiten/ Unterricht	Einzel-stunden	Gesamt-stunden
Montag			
Dienstag			
Mittwoch			
Donnerstag			
Freitag			
Samstag			
Sonntag			
		Gesamtstunden	

Besondere Bemerkungen

Auszubildender — Ausbilder

Datum   Unterschrift des Auszubildenden   Datum   Unterschrift des Ausbilders

Ausbildungsnachweis Nr.

für die Woche vom ………….. bis ………….. Ausbildungsjahr ……..

Ausbildungsabteilung: …………..…………..…………..

	ausgeführte Arbeiten/ Unterricht	Einzel-stunden	Gesamt-stunden
Montag			
Dienstag			
Mittwoch			
Donnerstag			
Freitag			
Samstag			
Sonntag			
		Gesamtstunden	

Besondere | Bemerkungen

Auszubildender | Ausbilder

Datum Unterschrift des Auszubildenden   Datum Unterschrift des Ausbilders

Ausbildungsnachweis Nr.

für die Woche vom …………..bis…………..Ausbildungsjahr……..

Ausbildungsabteilung:…………..………..…………….

	ausgeführte Arbeiten/ Unterricht	Einzel-stunden	Gesamt-stunden
Montag			
Dienstag			
Mittwoch			
Donnerstag			
Freitag			
Samstag			
Sonntag			
		Gesamtstunden	

Besondere Bemerkungen

Auszubildender   Ausbilder

Datum   Unterschrift des Auszubildenden   Datum   Unterschrift des Ausbilders

Ausbildungsnachweis Nr. _____

für die Woche vom …………..bis…………..Ausbildungsjahr……..

Ausbildungsabteilung:…….…..………..………….

	ausgeführte Arbeiten/ Unterricht	Einzel-stunden	Gesamt-stunden
Montag			
Dienstag			
Mittwoch			
Donnerstag			
Freitag			
Samstag			
Sonntag			
		Gesamtstunden	

Besondere Bemerkungen

Auszubildender Ausbilder

Datum Unterschrift des Auszubildenden Datum Unterschrift des Ausbilders

Ausbildungsnachweis Nr. _____

für die Woche vom …………..bis…………..Ausbildungsjahr……..

Ausbildungsabteilung:……..……….…………….

	ausgeführte Arbeiten/ Unterricht	Einzel-stunden	Gesamt-stunden
Montag			
Dienstag			
Mittwoch			
Donnerstag			
Freitag			
Samstag			
Sonntag			
		Gesamtstunden	

Besondere Bemerkungen

Auszubildender   Ausbilder

Datum   Unterschrift des Auszubildenden   Datum   Unterschrift des Ausbilders

Ausbildungsnachweis Nr.

für die Woche vom …………..bis…………..Ausbildungsjahr……..

Ausbildungsabteilung:……..……….…………

	ausgeführte Arbeiten/ Unterricht	Einzel-stunden	Gesamt-stunden
Montag			
Dienstag			
Mittwoch			
Donnerstag			
Freitag			
Samstag			
Sonntag			
		Gesamtstunden	

Besondere Bemerkungen

Auszubildender — Ausbilder

Datum   Unterschrift des Auszubildenden   Datum   Unterschrift des Ausbilders

Ausbildungsnachweis Nr.

für die Woche vom ………….. bis ………….. Ausbildungsjahr ……..

Ausbildungsabteilung: ………..………..…………

	ausgeführte Arbeiten/ Unterricht	Einzel-stunden	Gesamt-stunden
Montag			
Dienstag			
Mittwoch			
Donnerstag			
Freitag			
Samstag			
Sonntag			
		Gesamtstunden	

Besondere Bemerkungen

Auszubildender   Ausbilder

Datum   Unterschrift des Auszubildenden   Datum   Unterschrift des Ausbilders

Ausbildungsnachweis Nr.

für die Woche vom …………..bis…………..Ausbildungsjahr……..

Ausbildungsabteilung:…..…..………..…………..

	ausgeführte Arbeiten/ Unterricht	Einzel-stunden	Gesamt-stunden
Montag			
Dienstag			
Mittwoch			
Donnerstag			
Freitag			
Samstag			
Sonntag			
			Gesamtstunden

Besondere | Bemerkungen

Auszubildender | Ausbilder

Datum   Unterschrift des Auszubildenden   Datum   Unterschrift des Ausbilders

Ausbildungsnachweis Nr.

für die Woche vom …………..bis…………..Ausbildungsjahr……..

Ausbildungsabteilung:…….…...………..……………

	ausgeführte Arbeiten/ Unterricht	Einzel-stunden	Gesamt-stunden
Montag			
Dienstag			
Mittwoch			
Donnerstag			
Freitag			
Samstag			
Sonntag			
		Gesamtstunden	

Besondere Bemerkungen

Auszubildender | Ausbilder

Datum | Unterschrift des Auszubildenden | Datum | Unterschrift des Ausbilders

Ausbildungsnachweis Nr.

für die Woche vom …………..bis…………..Ausbildungsjahr……..

Ausbildungsabteilung:……………..……………

	ausgeführte Arbeiten/ Unterricht	Einzel-stunden	Gesamt-stunden
Montag			
Dienstag			
Mittwoch			
Donnerstag			
Freitag			
Samstag			
Sonntag			
		Gesamtstunden	

Besondere Bemerkungen

Auszubildender · Ausbilder

Datum · Unterschrift des Auszubildenden · Datum · Unterschrift des Ausbilders

Ausbildungsnachweis Nr. _____

für die Woche vom …………..bis…………..Ausbildungsjahr……..

Ausbildungsabteilung:……….………..…………….

	ausgeführte Arbeiten/ Unterricht	Einzel-stunden	Gesamt-stunden
Montag			
Dienstag			
Mittwoch			
Donnerstag			
Freitag			
Samstag			
Sonntag			
		Gesamtstunden	

Besondere | Bemerkungen

Auszubildender | Ausbilder

Datum   Unterschrift des Auszubildenden   Datum   Unterschrift des Ausbilders

Ausbildungsnachweis Nr.

für die Woche vom …………..bis…………..Ausbildungsjahr……..

Ausbildungsabteilung:…….…..………….…………….

	ausgeführte Arbeiten/ Unterricht	Einzel-stunden	Gesamt-stunden
Montag			
Dienstag			
Mittwoch			
Donnerstag			
Freitag			
Samstag			
Sonntag			
		Gesamtstunden	

Besondere | Bemerkungen

Auszubildender | Ausbilder

Datum   Unterschrift des Auszubildenden   Datum   Unterschrift des Ausbilders

Ausbildungsnachweis Nr.

für die Woche vom …………..bis…………..Ausbildungsjahr……..

Ausbildungsabteilung:…….…..………..……………

	ausgeführte Arbeiten/ Unterricht	Einzel-stunden	Gesamt-stunden
Montag			
Dienstag			
Mittwoch			
Donnerstag			
Freitag			
Samstag			
Sonntag			
		Gesamtstunden	

Besondere Bemerkungen

Auszubildender — Ausbilder

Datum — Unterschrift des Auszubildenden — Datum — Unterschrift des Ausbilders

Ausbildungsnachweis Nr.

für die Woche vom …………..bis…………..Ausbildungsjahr……..

Ausbildungsabteilung:…….…..………..………….

	ausgeführte Arbeiten/ Unterricht	Einzel-stunden	Gesamt-stunden
Montag			
Dienstag			
Mittwoch			
Donnerstag			
Freitag			
Samstag			
Sonntag			
		Gesamtstunden	

Besondere	Bemerkungen
Auszubildender	Ausbilder

Datum　Unterschrift des Auszubildenden　　　Datum　Unterschrift des Ausbilders

Ausbildungsnachweis Nr.

für die Woche vom …………..bis…………..Ausbildungsjahr……..

Ausbildungsabteilung:………..………..…………

	ausgeführte Arbeiten/ Unterricht	Einzel-stunden	Gesamt-stunden
Montag			
Dienstag			
Mittwoch			
Donnerstag			
Freitag			
Samstag			
Sonntag			
		Gesamtstunden	

Besondere Bemerkungen

Auszubildender — Ausbilder

Datum Unterschrift des Auszubildenden   Datum Unterschrift des Ausbilders

Ausbildungsnachweis Nr.

für die Woche vom …………..bis…………..Ausbildungsjahr……..

Ausbildungsabteilung:…..…..………..…………..

	ausgeführte Arbeiten/ Unterricht	Einzel-stunden	Gesamt-stunden
Montag			
Dienstag			
Mittwoch			
Donnerstag			
Freitag			
Samstag			
Sonntag			
		Gesamtstunden	

Besondere Bemerkungen

Auszubildender | Ausbilder

Datum Unterschrift des Auszubildenden   Datum Unterschrift des Ausbilders

Ausbildungsnachweis Nr.

für die Woche vom …………..bis…………..Ausbildungsjahr……..

Ausbildungsabteilung:…………………..…………….

	ausgeführte Arbeiten/ Unterricht	Einzel-stunden	Gesamt-stunden
Montag			
Dienstag			
Mittwoch			
Donnerstag			
Freitag			
Samstag			
Sonntag			
		Gesamtstunden	

Besondere Bemerkungen

Auszubildender | Ausbilder

Datum Unterschrift des Auszubildenden | Datum Unterschrift des Ausbilders

Ausbildungsnachweis Nr.

für die Woche vom …………..bis…………..Ausbildungsjahr……..

Ausbildungsabteilung:…….…...………..…………..

	ausgeführte Arbeiten/ Unterricht	Einzel-stunden	Gesamt-stunden
Montag			
Dienstag			
Mittwoch			
Donnerstag			
Freitag			
Samstag			
Sonntag			
		Gesamtstunden	

Besondere | Bemerkungen

Auszubildender   Ausbilder

Datum   Unterschrift des Auszubildenden   Datum   Unterschrift des Ausbilders

Ausbildungsnachweis Nr.

für die Woche vom …………..bis…………..Ausbildungsjahr……..

Ausbildungsabteilung:……………..…………..…………..

	ausgeführte Arbeiten/ Unterricht	Einzel-stunden	Gesamt-stunden
Montag			
Dienstag			
Mittwoch			
Donnerstag			
Freitag			
Samstag			
Sonntag			
		Gesamtstunden	

Besondere Bemerkungen

Auszubildender | Ausbilder

Datum   Unterschrift des Auszubildenden   Datum   Unterschrift des Ausbilders

Ausbildungsnachweis Nr.

für die Woche vom …………..bis…………..Ausbildungsjahr……..

Ausbildungsabteilung:…..…..………..….………

	ausgeführte Arbeiten/ Unterricht	Einzel-stunden	Gesamt-stunden
Montag			
Dienstag			
Mittwoch			
Donnerstag			
Freitag			
Samstag			
Sonntag			
		Gesamtstunden	

Besondere | Bemerkungen

Auszubildender   Ausbilder

Datum   Unterschrift des Auszubildenden   Datum   Unterschrift des Ausbilders

Ausbildungsnachweis Nr. _____

für die Woche vom ………….. bis ………….. Ausbildungsjahr ……..

Ausbildungsabteilung: ……….……………..………….

	ausgeführte Arbeiten/ Unterricht	Einzel-stunden	Gesamt-stunden
Montag			
Dienstag			
Mittwoch			
Donnerstag			
Freitag			
Samstag			
Sonntag			
		Gesamtstunden	

Besondere Bemerkungen

Auszubildender / Ausbilder

Datum — Unterschrift des Auszubildenden — Datum — Unterschrift des Ausbilders

Ausbildungsnachweis Nr.

für die Woche vom …………..bis…………..Ausbildungsjahr……..

Ausbildungsabteilung:…….…..………..………….

	ausgeführte Arbeiten/ Unterricht	Einzel-stunden	Gesamt-stunden
Montag			
Dienstag			
Mittwoch			
Donnerstag			
Freitag			
Samstag			
Sonntag			
		Gesamtstunden	

Besondere Bemerkungen

Auszubildender   Ausbilder

Datum   Unterschrift des Auszubildenden   Datum   Unterschrift des Ausbilders

Ausbildungsnachweis Nr. _____

für die Woche vom …………..bis…………..Ausbildungsjahr……..

Ausbildungsabteilung:…………..………..……………

	ausgeführte Arbeiten/ Unterricht	Einzel-stunden	Gesamt-stunden
Montag			
Dienstag			
Mittwoch			
Donnerstag			
Freitag			
Samstag			
Sonntag			
		Gesamtstunden	

Besondere | Bemerkungen

Auszubildender | Ausbilder

Datum Unterschrift des Auszubildenden Datum Unterschrift des Ausbilders

Ausbildungsnachweis Nr.

für die Woche vom …………..bis…………..Ausbildungsjahr……..

Ausbildungsabteilung:…..…..………..…………….

	ausgeführte Arbeiten/ Unterricht	Einzel-stunden	Gesamt-stunden
Montag			
Dienstag			
Mittwoch			
Donnerstag			
Freitag			
Samstag			
Sonntag			
		Gesamtstunden	

Besondere | Bemerkungen

Auszubildender | Ausbilder

Datum — Unterschrift des Auszubildenden | Datum — Unterschrift des Ausbilders

Ausbildungsnachweis Nr.

für die Woche vom …………..bis…………..Ausbildungsjahr……..

Ausbildungsabteilung:…….…..………..…………….

	ausgeführte Arbeiten/ Unterricht	Einzel-stunden	Gesamt-stunden
Montag			
Dienstag			
Mittwoch			
Donnerstag			
Freitag			
Samstag			
Sonntag			
		Gesamtstunden	

Besondere | Bemerkungen

Auszubildender | Ausbilder

Datum Unterschrift des Auszubildenden Datum Unterschrift des Ausbilders

Ausbildungsnachweis Nr.

für die Woche vom …………..bis…………..Ausbildungsjahr……..

Ausbildungsabteilung:…………………………………

	ausgeführte Arbeiten/ Unterricht	Einzel-stunden	Gesamt-stunden
Montag			
Dienstag			
Mittwoch			
Donnerstag			
Freitag			
Samstag			
Sonntag			
		Gesamtstunden	

Besondere | Bemerkungen

Auszubildender | Ausbilder

Datum Unterschrift des Auszubildenden | Datum Unterschrift des Ausbilders

Ausbildungsnachweis Nr. _____

für die Woche vom …………..bis…………..Ausbildungsjahr……..

Ausbildungsabteilung:……..……………..………….

	ausgeführte Arbeiten/ Unterricht	Einzel-stunden	Gesamt-stunden
Montag			
Dienstag			
Mittwoch			
Donnerstag			
Freitag			
Samstag			
Sonntag			
		Gesamtstunden	

Besondere Bemerkungen

Auszubildender | Ausbilder

Datum — Unterschrift des Auszubildenden | Datum — Unterschrift des Ausbilders

Ausbildungsnachweis Nr. _____

für die Woche vom …………..bis…………..Ausbildungsjahr……..

Ausbildungsabteilung:…….…..………..…………….

	ausgeführte Arbeiten/ Unterricht	Einzel-stunden	Gesamt-stunden
Montag			
Dienstag			
Mittwoch			
Donnerstag			
Freitag			
Samstag			
Sonntag			
		Gesamtstunden	

Besondere Bemerkungen

Auszubildender — Ausbilder

Datum — Unterschrift des Auszubildenden — Datum — Unterschrift des Ausbilders

Ausbildungsnachweis Nr. _____

für die Woche vom …………..bis…………..Ausbildungsjahr……..

Ausbildungsabteilung:…..…..………..………….

	ausgeführte Arbeiten/ Unterricht	Einzel-stunden	Gesamt-stunden
Montag			
Dienstag			
Mittwoch			
Donnerstag			
Freitag			
Samstag			
Sonntag			
		Gesamtstunden	

Besondere | Bemerkungen

Auszubildender | Ausbilder

Datum Unterschrift des Auszubildenden Datum Unterschrift des Ausbilders

Ausbildungsnachweis Nr. _____

für die Woche vom …………..bis…………..Ausbildungsjahr……..

Ausbildungsabteilung:………..………..…………..

	ausgeführte Arbeiten/ Unterricht	Einzel-stunden	Gesamt-stunden
Montag			
Dienstag			
Mittwoch			
Donnerstag			
Freitag			
Samstag			
Sonntag			
		Gesamtstunden	

Besondere Bemerkungen

Auszubildeader   Ausbilder

Datum   Unterschrift des Auszubildenden   Datum   Unterschrift des Ausbilders

Ausbildungsnachweis Nr.

für die Woche vom ………….. bis ………….. Ausbildungsjahr ……..

Ausbildungsabteilung: …….…..………..………….

	ausgeführte Arbeiten/ Unterricht	Einzel-stunden	Gesamt-stunden
Montag			
Dienstag			
Mittwoch			
Donnerstag			
Freitag			
Samstag			
Sonntag			
		Gesamtstunden	

Besondere Bemerkungen

Auszubildender — Ausbilder

Datum — Unterschrift des Auszubildenden — Datum — Unterschrift des Ausbilders

Ausbildungsnachweis Nr.

für die Woche vom …………..bis…………..Ausbildungsjahr……..

Ausbildungsabteilung:…………………………….

	ausgeführte Arbeiten/ Unterricht	Einzel-stunden	Gesamt-stunden
Montag			
Dienstag			
Mittwoch			
Donnerstag			
Freitag			
Samstag			
Sonntag			
		Gesamtstunden	

Besondere Bemerkungen

Auszubildender   Ausbilder

Datum   Unterschrift des Auszubildenden   Datum   Unterschrift des Ausbilders

Ausbildungsnachweis Nr. _____

für die Woche vom …………..bis…………..Ausbildungsjahr……..

Ausbildungsabteilung:…..……..………..…………..

	ausgeführte Arbeiten/ Unterricht	Einzel-stunden	Gesamt-stunden
Montag			
Dienstag			
Mittwoch			
Donnerstag			
Freitag			
Samstag			
Sonntag			
		Gesamtstunden	

Besondere	Bemerkungen
Auszubildender	Ausbilder

Datum   Unterschrift des Auszubildenden   Datum   Unterschrift des Ausbilders

Ausbildungsnachweis Nr.

für die Woche vom …………..bis…………..Ausbildungsjahr……..

Ausbildungsabteilung:…………………..…………..

	ausgeführte Arbeiten/ Unterricht	Einzel-stunden	Gesamt-stunden
Montag			
Dienstag			
Mittwoch			
Donnerstag			
Freitag			
Samstag			
Sonntag			
		Gesamtstunden	

Besondere Bemerkungen

Auszubildender   Ausbilder

Datum   Unterschrift des Auszubildenden   Datum   Unterschrift des Ausbilders

Ausbildungsnachweis Nr. _____

für die Woche vom …………..bis…………..Ausbildungsjahr……..

Ausbildungsabteilung:……………………………………

	ausgeführte Arbeiten/ Unterricht	Einzel-stunden	Gesamt-stunden
Montag			
Dienstag			
Mittwoch			
Donnerstag			
Freitag			
Samstag			
Sonntag			
		Gesamtstunden	

Besondere Bemerkungen

Auszubildender | Ausbilder

Datum   Unterschrift des Auszubildenden   Datum   Unterschrift des Ausbilders

Ausbildungsnachweis Nr.

für die Woche vom …………..bis…………..Ausbildungsjahr……..

Ausbildungsabteilung:…….…..………..…………….

	ausgeführte Arbeiten/ Unterricht	Einzel-stunden	Gesamt-stunden
Montag			
Dienstag			
Mittwoch			
Donnerstag			
Freitag			
Samstag			
Sonntag			Gesamtstunden

Besondere	Bemerkungen
Auszubildender	Ausbilder

Datum   Unterschrift des Auszubildenden   Datum   Unterschrift des Ausbilders

Ausbildungsnachweis Nr. _____

für die Woche vom …………..bis…………..Ausbildungsjahr……..

Ausbildungsabteilung:……..………..…………

	ausgeführte Arbeiten/ Unterricht	Einzel-stunden	Gesamt-stunden
Montag			
Dienstag			
Mittwoch			
Donnerstag			
Freitag			
Samstag			
Sonntag			
		Gesamtstunden	

Besondere Bemerkungen

Auszubildender | Ausbilder

Datum — Unterschrift des Auszubildenden | Datum — Unterschrift des Ausbilders

Ausbildungsnachweis Nr.

für die Woche vom ………….. bis ………….. Ausbildungsjahr ……..

Ausbildungsabteilung: ………..………..………….

	ausgeführte Arbeiten/ Unterricht	Einzel-stunden	Gesamt-stunden
Montag			
Dienstag			
Mittwoch			
Donnerstag			
Freitag			
Samstag			
Sonntag			
		Gesamtstunden	

Besondere Bemerkungen

Auszubildender | Ausbilder

Datum — Unterschrift des Auszubildenden — Datum — Unterschrift des Ausbilders

Ausbildungsnachweis Nr. _____

für die Woche vom …………..bis…………..Ausbildungsjahr……..

Ausbildungsabteilung:…………………..…………

	ausgeführte Arbeiten/ Unterricht	Einzel-stunden	Gesamt-stunden
Montag			
Dienstag			
Mittwoch			
Donnerstag			
Freitag			
Samstag			
Sonntag			Gesamtstunden

Besondere | Bemerkungen

Auszubildender · Ausbilder

Datum · Unterschrift des Auszubildenden · Datum · Unterschrift des Ausbilders

Ausbildungsnachweis Nr.

für die Woche vom …………..bis…………..Ausbildungsjahr……..

Ausbildungsabteilung:…………………..………….

	ausgeführte Arbeiten/ Unterricht	Einzel-stunden	Gesamt-stunden
Montag			
Dienstag			
Mittwoch			
Donnerstag			
Freitag			
Samstag			
Sonntag			
		Gesamtstunden	

Besondere Bemerkungen

Auszubildender   Ausbilder

Datum   Unterschrift des Auszubildenden   Datum   Unterschrift des Ausbilders

Ausbildungsnachweis Nr.

für die Woche vom …………..bis…………..Ausbildungsjahr……..

Ausbildungsabteilung:…….…..………..………….

	ausgeführte Arbeiten/ Unterricht	Einzel-stunden	Gesamt-stunden
Montag			
Dienstag			
Mittwoch			
Donnerstag			
Freitag			
Samstag			
Sonntag			
		Gesamtstunden	

Besondere Bemerkungen

Auszubildender · Ausbilder

Datum — Unterschrift des Auszubildenden — Datum — Unterschrift des Ausbilders

Ausbildungsnachweis Nr.

für die Woche vom …………..bis…………..Ausbildungsjahr……..

Ausbildungsabteilung:…….…..………..…………..

	ausgeführte Arbeiten/ Unterricht	Einzel-stunden	Gesamt-stunden
Montag			
Dienstag			
Mittwoch			
Donnerstag			
Freitag			
Samstag			
Sonntag			
		Gesamtstunden	

Besondere	Bemerkungen
Auszubildender	Ausbilder

Datum   Unterschrift des Auszubildenden   Datum   Unterschrift des Ausbilders

Ausbildungsnachweis Nr.

für die Woche vom …………..bis…………..Ausbildungsjahr……..

Ausbildungsabteilung:…………..………..…………..

	ausgeführte Arbeiten/ Unterricht	Einzel-stunden	Gesamt-stunden
Montag			
Dienstag			
Mittwoch			
Donnerstag			
Freitag			
Samstag			
Sonntag			
		Gesamtstunden	

Besondere Bemerkungen

Auszubildender — Ausbilder

Datum — Unterschrift des Auszubildenden — Datum — Unterschrift des Ausbilders

Ausbildungsnachweis Nr.

für die Woche vom ………….. bis ………….. Ausbildungsjahr……..

Ausbildungsabteilung: ……..……….…..…………

	ausgeführte Arbeiten/ Unterricht	Einzel-stunden	Gesamt-stunden
Montag			
Dienstag			
Mittwoch			
Donnerstag			
Freitag			
Samstag			
Sonntag			
		Gesamtstunden	

Besondere | Bemerkungen

Auszubildender | Ausbilder

Datum   Unterschrift des Auszubildenden   Datum   Unterschrift des Ausbilders

Ausbildungsnachweis Nr.

für die Woche vom …………..bis…………..Ausbildungsjahr……..

Ausbildungsabteilung:…….…..…………..…………

	ausgeführte Arbeiten/ Unterricht	Einzel-stunden	Gesamt-stunden
Montag			
Dienstag			
Mittwoch			
Donnerstag			
Freitag			
Samstag			
Sonntag			
		Gesamtstunden	

Besondere Bemerkungen

Auszubildender | Ausbilder

Datum Unterschrift des Auszubildenden   Datum Unterschrift des Ausbilders

Impressum
Ann-Christin Reichelt
Salzmarktstr. 24
38899 Hasselfelde

www.ingramcontent.com/pod-product-compliance
Lightning Source LLC
Chambersburg PA
CBHW081657220526
45466CB00009B/2791